M. EDGARD DURU

PRINCIPAL CLERC DE NOTAIRE

PRÉSIDENT DE LA SOCIÉTÉ DE SAINT-JOSEPH D'ORLÉANS

LETTRE DE M. L'ABBÉ A. LEROY

AUMONIER

AUX SOCIÉTAIRES

ORLÉANS
IMPRIMERIE ERNEST COLAS
VIS-A-VIS DU MUSÉE

1882

M. EDGARD DURU

PRINCIPAL CLERC DE NOTAIRE

PRÉSIDENT DE LA SOCIÉTÉ DE SAINT-JOSEPH D'ORLÉANS

―∞―

Mes chers amis,

On me demande pour vous un portrait, presque une histoire de M. Edgard Duru, votre pieux et regretté président. On m'en fait en quelque manière un devoir de conscience : Une telle vie, une telle mort, me dit-on, portent en elles-mêmes un enseignement trop persuasif pour ne pas être recueilli et conservé. Ce devoir, je l'avoue du reste, m'est doux à remplir, puisqu'il s'agit d'honorer une chère mémoire et de vous faire du bien.

Vous revenez de ses obsèques que votre amitié et une sorte de vénération publique lui ont faites splendides (1). Vous y avez remarqué

---

(1) On a compté plus de 400 personnes à la messe d'enterrement. En outre, les lettres de condoléance adressées à Madame Duru sont vraiment in nombrables. Qu'on nous permette deux citations particulièrement honorables et consolantes.
Mgr l'Evêque d'Orléans écrivait de Rome dès le 20 novembre :

« Madame,
« Je m'associe aux regrets que laisse la perte douloureuse de votre cher fils. Je partage la légitime douleur de votre cœur maternel. Dès demain matin, je porterai son souvenir au saint autel ; et je demanderai pour vous les grâces de force et de consolation que donnent la foi et l'espérance chrétiennes... »

Un ancien proviseur du Lycée d'Orléans écrivait de son côté :

« Madame,
« J'ai connu et apprécié, comme élève, votre cher enfant. C'est avec un grand plaisir que je lui serrais quelquefois la main... Comme tous ceux qui connaissaient ce bon et pieux jeune homme, je faisais des vœux pour son rétablissement. Dieu ne l'a pas voulu ! En Dieu seulement sera votre consolation... »

avec un sentiment de fraternelle fierté une affluence considérable. C'était d'abord autour de sa courageuse mère qui conduisait à la tombe, ce jour-là, le dernier et précieux reste de toutes ses affections brisées, c'était un groupe compact, une confrérie entière de femmes chrétiennes (1) : elles redoublaient alors d'attentions respectueuses et tendres envers celle qu'elles ont accoutumé, elles aussi, d'écouter comme leur mère. Puis, avec vous, mes chers amis, avec les directeurs de nos Œuvres orléanaises et les prêtres plus particulièrement connus du défunt, c'étaient des hommes et des jeunes gens en grand nombre. Ses anciens patrons étaient là ! Ils se souvenaient de son assiduité au travail, de sa déférence toujours digne, de sa discrétion jamais surprise ; ils se félicitaient de l'avoir employé dans les affaires les plus délicates, et ils ne lui mesuraient ni leurs regrets ni leurs louanges. Ses anciens collègues étaient là ! Ils avaient pu, par le passé, ne point partager ses convictions religieuses ; mais, présentement, ils étaient unanimes à redire sa droiture, sa courtoisie, son aménité. Sur aucun visage, n'est-ce pas ? vous n'avez lu l'indifférence morne : tous ceux qui composaient le funèbre cortège apportaient, comme vous et moi, le témoignage manifeste de leur estime et de leur affection. Aucun visage, non plus, n'exprimait la tristesse irrémédiable... oh non ! Les noires tentures ne cachaient pas à nos yeux les splendeurs de la basilique où se dressait le catafalque ; pareillement le deuil sincère et profond ne défendait pas à la foi des plus affligés d'apercevoir les radieuses clartés du ciel entr'ouvert au-dessus de cette pompe lugubre. On ne disait pas « c'est un juste ! » On répétait cette parole, cette affirmation triomphale qui avait jailli de toutes les bouches à la nouvelle de sa fin bienheureuse « c'est un saint ! »

Dieu seul, sans doute, sait et mesure exactement le mérite de ses serviteurs. Cependant il ne doit pas nous reprocher d'en croire parfois à nos yeux et de proclamer ce que nous avons vu de trop près et trop habituellement pour garder l'ombre d'un doute.

En dehors de ses fonctions qu'il remplissait avec sa conscience de chrétien, Edgard Duru était tout entier aux bonnes œuvres et à la piété. Il répondit des premiers à l'appel de M. l'abbé Hestch, de sainte mémoire, qui fonda parmi vous la petite Conférence, toujours florissante depuis et plus d'une fois louée en assemblée générale de la société de Saint-Vincent-de-Paul. Il eut donc ses pauvres ! Il y a entre autres, là-bas, au point extrême d'un de nos plus lointains faubourgs, une pauvre vieille qui reçut jusqu'à ces derniers mois sa

(1) Le Tiers-Ordre de saint François d'Assise.

visite hebdomadaire. Elle pleurait les absences momentanées de son jeune visiteur, condamné par sa santé à prendre de temps en temps quelques jours de vacances. Le confrère chargé de l'intérim charitable ne savait comment la consoler alors : il se trouve bien embarrassé aujourd'hui qu'il lui doit faire accepter ce départ définitif et un changement inévitable voulu par la mort.

Les petits ramoneurs, je viens de l'apprendre, comptaient au nombre de ses privilégiés. Pour eux, il mettait à part ses vêtements hors d'usage, dans lesquels il faisait tailler vestes et pantalons à leur grandeur.

Personne ne peut dire ce qu'il a fait de démarches pour recommander et placer des enfants au sortir de l'école, des jeunes gens au terme de leur apprentissage ou momentanément sans emploi ! Connu et apprécié d'un grand nombre de notables commerçants, il usait discrétement de sa situation pour rendre tout ce qu'il pouvait de bons offices. Tel père de famille que je pourrais nommer disait ces jours-ci : « Mon fils a un avenir devant lui, je n'ai pas eu à m'en occuper un instant... M. Edgard l'a toujours suivi, aidé et patronné. »

Un jour, il était déjà condamné à l'inaction, faisant à quelqu'un d'entre vous, à un ami de la première et de la dernière heure, l'offre d'un emploi fort avantageux, il ajoutait : « Si vous n'êtes pas disponible immédiatement, rassurez-vous... Je me chargerai du travail, et l'on vous attendra. »

Alité, presque mourant, il exerçait encore cette protection fraternelle. C'est huit ou dix jours avant d'aller à Dieu qu'il disait à un jeune employé sans place en lui donnant un nom et une adresse : « Présentez-vous de ma part ; et, si l'on vous demande de mes nouvelles, répondez que je suis à toute extrémité. »

Il s'est plus d'une fois entremis pour amener des réconciliations longtemps refusées et, selon toutes les apparences, impossibles : il ne ménageait pas sa peine, multipliant les allées et venues, pressant et suppliant tour à tour, ne s'arrêtant qu'après la victoire complète.

Mon Dieu ! comme je regrette que la discrétion m'oblige à me taire ! Je sais plus d'un drame vrai dont son zèle menait ou formait toute l'édifiante intrigue. J'en vois passer et repasser devant moi les scènes touchantes ; il y joue le plus beau rôle,... mais je m'arrête : j'ai les lèvres closes.

Mon récit est peut-être pour vous, mes chers amis, une révélation : votre président était si modeste ! Mais à coup sûr cette révélation n'a rien qui vous étonne. Vous l'avez vu pendant de longues années assidu à vos réunions ; vous l'avez vu toujours admirablement bon. Vous vous rappelez son empressement à venir au devant de vous quand vous arriviez inconnus et craintifs, puis sa cordialité toujours réservée et presque timide et son dévouement aussi humble que tenace. Si des résistances imprévues à des idées, à des projets qu'il avait étudiés et mûris, suscitaient chez lui des impatiences passagères et des éclairs rapides de vivacité, comme il vous l'avait bientôt fait oublier ! Vous comme moi, sans doute, vous ne lui connaissiez pas d'autre défaut, défaut trop expliqué du reste par son état constamment maladif.

A votre tête par son titre, à votre tête par la charité et toutes les vertus aimables, il y était encore et surtout par sa piété.

Les inspirations de sa foi étaient spontanées : elles avaient moins besoin d'être stimulées que d'être contenues. Il vous eût volontiers mesurés tous à sa taille : il ne concevait guère qu'on n'aimât pas Dieu, l'Eglise et les âmes comme il les aimait lui-même.

Voici quelles étaient ses habitudes pieuses.

Chaque matin, il faisait une méditation : entre les auteurs spirituels dont il goûtait les ouvrages, il semble avoir préféré Bourdaloue (1). Souvent il notait les impressions et les lumières qu'il avait reçues dans ses entretiens avec Dieu. Il entendait tous les jours la messe, tantôt dans une église, tantôt dans une autre : il aurait craint en fréquentant toujours la même église d'être remarqué et connu. Il va, sans dire, que le respect humain n'était pour rien dans cette précaution singulière. En cela, comme dans le soin qu'il avait de choisir les coins obscurs ou les chapelles retirées, il obéissait à un attrait rare d'humilité. Je le voyais chaque jour, vers midi, avant de rentrer à son étude, faire une courte visite dans notre chapelle tant aimée de lui et de vous tous d'ailleurs. Le soir, il ne venait nous rejoindre à la bibliothèque, qu'après une longue station devant le Très-Saint-Sacrement et aux pieds de la Sainte-Vierge : comme moi, vous l'y avez admiré immobile, absorbé, heureux.

On vous avait parlé, sans doute, d'un client fidèle, d'un habitué de Notre-Dame-des-Miracles, à Saint-Paul, et on vous l'avait dépeint... Ce grand jeune homme, à la figure pâle et belle, mélancolique et douce, qui s'oubliait là si longuement et qui levait si filialement vers la Vierge noire son pur regard, c'était lui, notre saint ami !...

Il faisait la communion plusieurs fois par semaine ; et il aurait voulu

---

(1) Du reste, très-affectionné à l'ordre de saint François d'Assises auquel il appartenait comme tertiaire, il n'était pas moins à la compagnie de Jésus : il fit deux fois, chez les Pères Jésuites, les exercises de saint Ignace.

entraîner la foule des jeunes gens à la sainte table. Pour tout ce qui était de la piété, vous n'aviez qu'à fixer les yeux sur lui : il vous remplaçait les images de saint Louis de Gonzague et de saint Stanislas Kostka, et en lui vous aviez un vivant modèle. Il ne gardait rien de sa timidité ni de sa modestie même quand venaient nos fêtes et nos pèlerinages. Quel entrain il mettait, quel entrain il vous communiquait jadis à l'époque héroïque ou imprudente de nos grandes processions de la Fête-Dieu qu'il a fallu supprimer parce qu'elles nous attiraient trop de foule et que ne nous feront pas oublier notre nuit et notre journée d'adoration perpétuelle ! Je ne me trompe pas en affirmant qu'une de ses grandes tristesses a été de ne pouvoir jamais prendre part avec les meilleurs d'entre vous aux saintes veilles de l'adoration nocturne. Comme il eut aimé cette solitude et ce silence, cette pénitence réparatrice, ces supplications généreuses et méritoires !... comme il se fût, là, complu et livré aux extases de la prière !...

Trouvez-vous, mes chers amis, que je m'attarde trop dans mes souvenirs ? Je ne le pense pas. Ainsi que moi, tout vous arrête et vous charme le long de cette existence courte et pleine, simple et belle. Pourtant il faut marcher en avant et raconter cette maladie, cette agonie, cette mort incomparables.

Au commencement de l'année, nous le crûmes guéri d'un mal terrible qui le tourmentait depuis de longs mois. Nous bénissions déjà la Providence qui allait nous le rendre, non pas plus dévoué, mais plus fort dans l'exercice du dévouement. Ce n'était qu'une trève, je dirais un leurre, si je ne voyais en tout ce qui arrive Dieu et ses desseins adorables. Pendant l'hiver, Edgard fut saisi d'un autre mal non moins terrible et plus impitoyable que le premier. Il avait la voix faible et couverte, sa toux était fréquente et sèche : il s'affaiblissait visiblement. Les médecins l'envoyèrent à Cauterets (1). Il parut se bien trouver de la saison qu'il y passa. Il nous adressa de là-bas des lettres satisfaites. Et cependant, malgré qu'il annonçât presque sa guérison certaine, il sentait son âme se détacher de ce monde : le ciel attirait son regard et envahissait sa pensée. De Lourdes, où il s'arrêta quelques jours en revenant des Pyrénées, il écrivait : « Je n'ai pas retrouvé à la grotte les impressions de mon premier pèlerinage. Par

---

(1) C'est à Cauterets qu'une dame rencontrant sa mère lui dit avec effusion : « Oh ! Madame, que vous êtes heureuse d'avoir un tel fils ! Quel admirable enfant ! Comme il prie bien !... » On a su depuis que cette même dame, à peine rentrée à Paris, était allée recommander Edgard à N.-D. des Victoires.

contre, je fus profondément ému dans la basilique par les chants que j'y entendis... Je rêvais aux cantiques et aux fêtes du ciel... » Rentré à Orléans, il eut le chagrin, le très-grand chagrin de ne plus se mêler à nos réunions de Saint-Joseph : c'est tout au plus si, une fois ou deux, vers le milieu du jour, quand le vent ne soufflait pas et que le soleil luisait un peu, il fit parmi nous une rapide apparition. Il dut garder la chambre, et bientôt le lit. M. Des Francs et moi, ainsi que vos aînés, ses plus vieux amis et ses collaborateurs dans l'administration (1) de la Société, nous commençâmes à lui faire nos visites régulières et fréquentes, presque quotidiennes.

Le dimanche 15 octobre, on le trouva faible, très-faible, en danger. Ce jour-là même, son confesseur, qui l'aimait avec tendresse, comme on aime les âmes d'élite, s'arma de courage et lui proposa les derniers sacrements. Le cher malade, regardant pour la première fois la mort en face, et tout proche de lui, fut saisi d'abord. Deux grosses larmes coulèrent de ses joues. Il s'écria : « Ce n'est pas pour moi que je pleure, c'est pour ma bonne mère que je vais laisser seule. » Mais aussitôt, résolûment, les mains jointes, il fit acte d'adhésion à la volonté de Dieu ; et il ne s'est pas depuis lors démenti un seul instant.

A partir de ce jour il ne cessa ni de souffrir ni de sourire.

A partir de ce jour aussi, il s'opéra chez lui une transformation merveilleuse. J'ai déjà dit sa réserve qui procédait d'un caractère naturellement timide et d'un fonds d'humilité chrétienne, et à laquelle ajoutait beaucoup son état de faiblesse et de langueur. Il en résultait quelque chose de moins alerte dans la pensée, d'hésitant dans la parole et de craintif dans le regard : on eût dit qu'il tenait son âme à demi fermée. A mesure qu'il approcha de la mort, nous le vîmes s'ouvrir de plus en plus, laissant jaillir hors de lui-même, comme des flots longtemps et violemment comprimés, les bons trésors de son cœur. Il regardait d'un œil assuré sans cesser d'être doux, sa parole était accentuée et vibrante, et il avait une promptitude, une netteté, une vigueur, un à-propos d'esprit qui nous surprenaient.

Je ne pense pas que jamais malade de son âge et de sa situation ait reçu autant de visites. Mgr l'Evêque d'Orléans daigna lui-même et de bonne heure porter à notre ami l'honneur et la joie de sa présence partout si désirée. Sa Grandeur voulait, ce jour-là, donner sans doute une preuve nouvelle de sa bienveillance à la Société de Saint-Joseph en la

---

(1) Le conseil d'*administration* pris parmi les jeunes gens, est distinctif du conseil de *direction* qui émane de la société de Saint-Vincent-de-Paul.

personne de son président, mais certainement aussi marquer son affection pour le jeune et ardent catholique qu'elle avait rencontré et distingué en vingt occasions diverses (1).

Les visites devinrent de plus en plus nombreuses à mesure que le mal et la mort gagnaient davantage. Edgard était tant aimé ! Bientôt on ne vint plus pour apporter au malade une preuve de sympathie ou l'aumône d'une consolation : on vint pour s'édifier auprès de lui. Oui, il y eut, pendant des semaines, pèlerinage à cette petite chambre d'un deuxième étage où mourait un saint. Il était si beau à voir sur son lit, avec son crucifix, son chapelet, et quelques reliquaires en permanence devant ses yeux !... Il tendait si gracieusement la main, les deux mains... il faisait si charmant accueil à ses visiteurs, quels qu'ils fussent !... Chacune de ses paroles était une lumière, une force, une joie, une grâce. A l'un il disait : « Je sais que vous êtes fidèle à Dieu et entendez l'être jusqu'au bout... courage ! » A l'autre : « Si vous saviez comme on se trouve bien, à la mort, d'avoir été chrétien pendant la vie !... »

Tantôt il soupirait : « Ce corps de 27 ans a de la peine à se laisser détruire... Mais que la volonté de Dieu soit faite ! » Tantôt il offrait à Dieu ses veilles et ses souffrances pour quelque œuvre ou entreprise qu'on lui avait recommandée. Il fit une fois, en termes exprès et formels, le sacrifice de sa jeunesse et de sa vie pour une conversion qui intéresse l'honneur de l'Eglise.

Il ne se plaignit jamais. Au plus fort de la douleur, il disait : « Je souffre, mais j'espère bien ne pas souffrir dans l'autre vie. » Il lui est arrivé seulement de crier grâce. Un jour il disait à un prêtre : « Je vous en prie, demandez à Notre-Seigneur pendant votre messe qu'il me retire de ce monde. » Et, comme on lui rappelait le mot de saint Ignace « que la terre me paraît méprisable quand je regarde le ciel, » il reprenait : « c'est bien vrai ! La terre est trop triste !... mieux vaut mille fois le ciel... le ciel... le ciel !.. » En une autre circonstance, il fit cet aveu : « J'avais de l'ambition !.. Maintenant j'ai mis tout cela sous mes pieds. »

A ceux d'entre vous qu'il voyait de temps en temps, jamais trop à son gré, il exprimait son amour pour la Société ; et il leur demandait comme une faveur qu'ils récitassent à genoux au pied de son lit, avec lui et pour lui, les prières en usage dans notre chapelle.

___

(1) La première fois, ce fut le 19 novembre 1876. Edgard faisait partie de la députation envoyée par la société de Saint-Joseph au sacre du coadjuteur que Mgr Dupanloup s'était choisi.

Il fallait que vos Directeurs le tinssent au courant de tout ce qui se passait chez nous. Rien ne le rendait heureux comme d'apprendre que l'assistance avait été plus grande que de coutume au chapelet du jeudi, que la communion avait été fort belle à la messe de la Toussaint, etc... Il voulait tous les détails ; et il formulait, il accentuait ses vœux pour le progrès chrétien de notre chère œuvre. Une chose qu'il ne nous pardonnait guère, il nous avait devinés, c'était d'avoir suspendu, — en prévision de sa mort attendue d'heure en heure, par un sentiment de délicatesse fraternelle et trop motivée,— les soirées récréatives d'hiver auxquelles vous tenez tant et certes à bon droit.

Je n'ai pas dit assez en disant qu'on venait s'édifier auprès d'Edgard : on venait se recommander à lui.

Nous nous rencontrâmes un jour deux prêtres ensemble à son chevet ; et il se trouva que nous étions venus l'un et l'autre lui apporter nos commissions pour le paradis. Et combien faisaient de même !... J'ai lu devant lui une lettre anonyme dans laquelle toute une famille réclamait son souvenir et sa protection au ciel !...

Et tout cela, il l'entendait, il l'acceptait avec un bon sourire, avec un mot gracieux de réponse affirmative, sans surprise comme sans orgueil, simplement.

Le Dimanche soir 12 novembre, il eût deux crises que l'on crut décisives. Lui-même manifesta le désir et l'espérance de mourir le lendemain, fête de saint Stanislas Kostka. On pleurait autour de lui : « Je vous en conjure, s'écria-t-il, ne pleurez donc pas !... Je ne me trouve pas à plaindre ; et je ne voudrais céder ma place à personne. » Il dit adieu et merci à son médecin dans des termes si touchants que celui-ci s'enfuit tout en larmes. Edgard le rappelait... L'excellent docteur s'en alla plus vite disant : « Je ne puis pas, je ne puis pas... cela me fait trop de peine. » Le malade reprit gaiement : « C'est trop fort si je dois soutenir les autres à présent... Ils se sauvent tous en pleurant... moi, je ne pleure pas... je vais au ciel !... chantez-donc *Ave Maris stella !* Et on chanta *Ave Maris stella*, puis, toujours sur sa demande, *Salve Regina*, *Lœtatus sum*, etc... Et il accompagnait les voix sanglotantes de sa faible voix. Arrivé au *Gloria Patri*, il le fit répéter trois fois, ce qui fut fidèlement observé les jours suivants. Il disait : « Que c'est beau !... » Et il parlait des cantiques qu'il allait chanter au ciel bientôt... car il affirmait qu'il n'avait pas peur de Dieu et qu'il partait pour le ciel.

Il répétait, il savourait avec délices les versets et les strophes qui répondaient le mieux à ses sentiments intimes : *Lœtatus sum... Lœtatus sum... Monstra te esse matrem... Monstra te esse matrem...* Il se faisait réciter l'une après l'autre toutes ses prières aimées, le chapelet, les litanies de la Sainte Vierge, etc... Il multipliait les invocations brèves et enflammées, les actes de résignation, les formules d'immolation totale de lui-même pour l'Eglise, pour sa mère, pour les pécheurs, pour les âmes du purgatoire, pour la société de Saint-Joseph, et enfin des exhortations à son âme : « Courage, mon âme ! l'éternité approche ! »

Il craignait parfois de défaillir : « Priez, disait-il, afin que le courage ne me manque pas. » Il voulut que l'on commençât une neuvaine à Notre-Dame-des-Miracles pour lui obtenir la grâce de faire généreusement son sacrifice. Son grand sacrifice, c'était sa mère. Bien souvent il a répété le cri douloureux de sa tendresse filiale ; mais il a eu le bonheur de partir rassuré sur ce point comme sur tous les autres. « Je vous laisse ma mère, a-t-il dit aux pieuses gardiennes de son agonie, je vous laisse ma mère, et je sais que je la laisse en bonnes mains. »

Le lundi ne fut pas, comme il l'avait pensé, son dernier jour. Il y eut chez le malade un mieux apparent qui ne trompa personne. Il passa la nuit sans sommeil : il eut la force de méditer encore station par station le chemin de la croix.

« Le mardi, nous raconte un témoin des scènes finales, j'arrivai auprès de son lit... Quelles actions de grâces je devrai toute ma vie au bon Dieu pour m'avoir permis de le retrouver !... Puissé-je avoir toujours présent à l'esprit le rayonnement joyeux de son regard ! Il me dit : « Dans trois ou quatre jours je chanterai avec les anges. » — « Vous n'avez pas l'air fâché de nous quitter, lui dis-je... » — « Puisque Dieu le veut ! reprit-il avec son sourire céleste... Nous nous sommes bien aimés jusqu'ici : nous continuerons !... Je vous recommande ma bonne mère : c'est le vœu de Jésus mourant ! » A mesure qu'il approchait du ciel, il semblait aimer les siens davantage et plus purement. Il n'était plus que suavité !

« Le mercredi, il s'arrêta un instant à l'idée d'une guérison possible : l'amour de la vie se réveillait chez ce moribond qui avait fait cent fois son sacrifice. « Dieu peut tout, disait-il : il a toujours le pouvoir de faire des miracles. » — « Oui, observa quelqu'un ; et tout ce qu'il ordonne est pour notre plus grand bien. » — « Oh oui ! pour notre plus grand bien, » répéta Edgard. Et l'on voyait que son âme était dans une soumission parfaite et dans une paix inaltérable.

Le jeudi matin il n'y avait plus de doute possible : le dénouement arrivait ! Les personnes présentes songèrent à lire de nouveau les prières des agonisants qu'Edgard avait déjà demandées lui-même une première fois quelques jours auparavant. « Dans le trouble où nous étions, c'est le témoin déjà cité qui reprend la parole, nous ne parvenions pas à les trouver. Sa mère alors commença d'une voix ferme les litanies de la sainte Vierge. Puis je lus les invocations aux saints. A ces mots « Partez, âme chrétienne, » la voix me manqua. Il me dit : « Du courage ! » Et aussitôt, se parlant à lui-même, les mains au ciel, il ajouta : « Pars, mon âme, pars ! » Un peu plus loin, à ces mots « Que votre demeure soit aujourd'hui dans la paix ! » il acquiesça doucement : « oui ! aujourd'hui ! »

Ensuite sa mère récita *Magnificat, Nunc dimitis, Lœtatus sum, Lauda Jerusalem, Te Deum !* Nous, nous répondions autant que notre émotion le permettait. Ces prières terminées, Edgard, distinguant dans l'assistance une dame dont le fils unique était mort pieusement il y a quelques années, lui demande : « Madame, si je vois votre cher Paul, que lui dirai-je ?.. ma première commission sera pour lui... nous nous embrasserons bien !.. » Il avait, du reste, conscience de tout ce qui se passait autour de lui : il suppliait qu'on ne se fatiguât pas et il y mettait l'insistance la plus aimable. Il gardait de longs silences pendant lesquels il réfléchissait tranquillement. « C'est demain vendredi, dit-il tout à coup. Et c'est dimanche seulement qu'on doit m'apporter le bon Dieu !.. Que c'est long !.. Mais je n'y serai plus !.. J'aurais pourtant bien besoin de recevoir Notre-Seigneur pour me fortifier !.. » On lui rappela sa communion du dimanche précédent, et on lui fit observer qu'ayant gardé la grâce il était encore et toujours le temple de Dieu. « Je l'espère bien ! » répondit-il.

Dans l'après-midi, à sa demande, les chants recommencèrent. Les sanglots gagnaient à la fin les chanteurs. Et lui, il disait : « Ne pleurez-donc pas ; il faut vous réjouir ! » Après un moment de repos, on récita le chapelet en commun, lui tenant le sien entre ses doigts. Quand la dernière dizaine fut achevée, il murmura d'un air ravi : « Quel bon chapelet ! »

La nuit venue, je retournai le voir. Nous causâmes assez longtemps ensemble : on m'avait laissé seul avec lui. Comme d'habitude, nous nous entretînmes de notre Société de Saint-Joseph, « ce qu'il regrettait le plus après sa mère ». Puis, en souriant, oui, mes chers amis, en souriant l'un et l'autre, nous nous dîmes adieu et au revoir, adieu pour le temps et au revoir dans l'éternité. Je lui demandai une parole, une recommandation suprême, son testament pour vous. Il n'hésita pas, il ne réfléchit pas, il ne chercha pas. Il me fit sa réponse ardente et énergique... Et la voici sans commentaire, telle que je l'ai entendue : « Dites-leur que je me suis cramponné à la Société de Saint-

Joseph, et que ç'a été pour mon bien : c'est à elle que je dois de faire si aisément mon sacrifice. » Je n'avais pas pleuré jusque là ; mais aussitôt les larmes me montèrent aux yeux et je partis pleurant.

Après mon départ, il demanda : « Qu'allons-nous chanter maintenant? » On proposa un cantique, *Le ciel en est le prix*. Il accepta joyeusement. Tout ce qui lui restait de force, il le mit à redire cette strophe :

> Dans l'éternel empire
> Qu'il sera doux de dire :
> Tous mes maux sont finis !
> Le ciel en est le prix !...

On entonna : *Amour au crucifix!* Et lui, pendant ce brûlant refrain, il baisait avec effusion le crucifix qui demeurait d'ordinaire placé sur son lit, le même qu'avaient baisé en mourant son père et son frère.

Entre autres prières, il avait dit : « Mon Dieu, je vous offre mes souffrances pour l'expiation de mes péchés, pour la conversion des pécheurs, pour la délivrance des âmes du purgatoire. » Et il s'était repris : « Pour l'expiation de mes péchés surtout. » Quelqu'un s'avisa de lui objecter : « Mais vous n'en avez pas! » — « C'est facile à dire, répliqua-t-il vivement, faites donc, s'il vous plaît, un acte de contrition pour moi. » Et il fallut faire comme il demandait, et ajouter trois fois *Parce Domine*. Après quoi il réclama le psaume *Ecce quam bonum*, « le plus doux, le meilleur de tous à son sens », probablement parce que c'est celui qui termine nos journées de fêtes religieuses à Saint-Joseph.

Il conserva jusqu'au bout sa pleine connaissance, sa patience sereine, sa piété expansive, son aménité vraiment surnaturelle qui donnait à sa physionomie de mourant les charmes d'un front de douze ans au matin d'une première communion.

Minuit n'était pas loin, le malade était calme, une religieuse et une amie de la famille veillaient. Se rendant à ces raisons, Madame Duru consentit à prendre un peu de sommeil. Edgard, heureux à la pensée que sa mère se reposait enfin et certain d'être au terme de l'épreuve, exprima alors ce souhait étrange : « Si je pouvais finir sans qu'on s'en aperçût, je ne dérangerais personne... » A minuit, la sœur garde-malade voulant lui donner à boire, s'aperçut qu'il allait finir. On n'eût que le temps d'éveiller la pauvre mère qui accourut. Edgard eut pour elle un regard encore ; puis, après une dernière secousse, un dernier hoquet, il retomba inerte. C'était la première heure du 17 novembre, fête de saint Aignan, prtron de la ville et du diocèse d'Orléans. Or il avait également dit qu'il mourrait volontiers en un tel jour. L'âme chrétienne, l'âme sainte était partie. Mais elle avait laissé en partant son reflet visible, un des rayons qui forment son vêtement nouveau dans la gloire sur ce beau visage que l'on vint, en foule, sans interruption pendant trois jours, contempler par dévotion. C'est bien de cette mort, n'est-ce pas ? qu'on peut dire qu'elle est une renaissance « *natalitia* », une naissance à la vie sans ombre et sans déclin, à l'immortalité.

Et maintenant tout est consommé ! Nous regrettons de n'avoir pas sa tombe ici, près de nous, à portée de notre culte fraternel et de nos visites pieuses. Nous nous consolerons en pensant que nos frères, les sociétaires de Saint-Joseph d'Olivet, nous remplaceront sur ce coin de terre bénite où ses os attendent la résurrection à venir. Puis il y a quelque chose de lui, le meilleur de lui-même qui nous demeure : son souvenir et son amitié ! Son souvenir, le souvenir de ses exemples, sera pour nous fécond. Et son amitié, nous est devenue là-haut un sûr patronage. Nous ne tarderons pas, sans nul doute, à l'éprouver.

Je sais un homme qui n'avait pas prié depuis longtemps peut-être. Au retour des obsèques, il demanda comme une grâce la permission d'entrer dans la chambre vide d'Edgard exprès pour y prier : et il y pria longuement.

N'est-ce pas ainsi qu'il en arrive avec les saints ? Dans la mort comme dans la vie, ils attirent sur ceux qu'ils aiment les bénédictions de Dieu.

Telle est notre espérance !

Il y a une parole des saints livres qu'on a évoquée autour du lit où reposaient, sous les fleurs entassées, les dépouilles mortelles de votre Président, et que je rappelle volontiers : *Placita Deo erat anima illius*. Là est l'explication miséricordieuse de cette mort prématurée; et là aussi est l'explication de notre espérance.

« C'était en ce monde et c'est au ciel un ami de Dieu. »

A. LEROY, *aumônier de la Société de St-Joseph.*

Orléans, 21 novembre 1882,
en la fête de la Présentation de la Très-Sainte Vierge.

ORLÉANS. — IMP. ERNEST COLAS

www.ingramcontent.com/pod-product-compliance
Lightning Source LLC
Chambersburg PA
CBHW061623040426
42450CB00010B/2638